Evreux, 1891.

DISCOURS

PRONONCÉ PAR

le R. P. Charles GIVELET, S. J.

le 18 août 1891

EN L'ÉGLISE DE CORMONTREUIL

A

L'OCCASION DU MARIAGE

DE

M. Léon LE GRAND

ET DE

Mlle Anne-Marie GIVELET

DISCOURS

PRONONCÉ PAR

le R. P. CHARLES GIVELET, S. J.

le *18 août 1891*

EN L'ÉGLISE DE CORMONTREUIL

A

L'OCCASION DU MARIAGE

DE

M. LÉON LE GRAND

ET DE

Mlle ANNE-MARIE GIVELET

Ma bien chère Sœur,
Monsieur,

Dieu venait de créer le premier homme, de l'établir roi de la création. Mais parmi tous ces êtres, Adam n'en trouvait aucun qui fût capable de partager ses pensées, ses joies, d'unir son cœur au sien, de vivre de sa vie. Alors le Seigneur, dans sa bonté, lui donnant une compagne, institua le mariage dont il lui découvrit en même temps d'une façon mystérieuse les lois et les conditions : « Désormais, s'écrie Adam dans un accent pro-« phétique, l'homme quittera son père et sa mère « pour s'attacher à son épouse ; il étaient deux, « ils ne seront plus qu'un », leurs deux cœurs ne feront plus qu'un seul cœur, leurs deux vies ne seront plus qu'une seule et même vie.

Il est arrivé pour vous, mes biens chers amis, cet instant, l'un des plus solennels de votre vie. Au pied de l'autel de Notre-Seigneur Jésus-Christ, en présence de tous ceux que la voix de l'affection et du sang ont appelés dans cette église, vous allez par serment enchaîner pour toujours entre les mains l'un de l'autre votre liberté et votre cœur. Ce serment, cette union, vous voulez les placer aujourd'hui sous la sauvegarde de Dieu, et vous m'avez demandé de les bénir comme prêtre et comme frère. C'est avec une profonde émotion que je vous apporte cette bénédiction. Mais, permettez-moi de vous le dire, Monsieur, c'est aussi pour moi un vrai bonheur. Ceux qui vous ont connu depuis longtemps m'ont dit comment vous savez unir à la science et au talent, la piété et les solides vertus du chrétien. A défaut de leur témoignage il me suffirait du reste de jeter les yeux sur celui auquel nous donnons tous les deux le nom de frère pour me réjouir à la pensée de vous le donner aussi désormais.

Daigne donc Notre-Seigneur, qui par mon ministère vous envoie cette bénédiction, répandre ses grâces avec abondance sur vos âmes et sur votre avenir. Au seuil de cet avenir, permettez-moi de vous arrêter un instant et de vous dire bien simplement les pensées qu'il m'inspire, pensées qui n'auront d'autre source que la foi si profondément enracinée dans vos âmes, et l'émotion religieuse qui fait battre vos cœurs.

Tout à l'heure, vos deux vies seront liées l'une à l'autre pour toujours : les mêmes joies, les mêmes soucis, les mêmes épreuves vous attendent, et vous devrez les partager sous le regard de Dieu qui unit vos cœurs. Demain, ma bien chère sœur, vous quitterez le foyer où se sont abritées votre enfance et votre jeunesse; vous direz adieu à une mère dont la tendresse vous a suivie avec tant de sollicitude jusqu'à cette heure. Et vous, mon bien cher frère, vous serez le protecteur de celle que vous choisissez pour compagne, vous tiendrez lieu à son cœur des affections dont elle se sépare.

Demain, c'est donc pour tous les deux une vie nouvelle qui commence, une vie qui sans doute apportera avec elle ses joies, mais aussi, il faut bien le dire, ses devoirs, ses dévouements, ses sacrifices !

Ces joies, Notre-Seigneur a voulu les sanctifier, ces devoirs, il a voulu en rendre l'accomplissement plus facile en instituant ce sacrement qui fortifie vos âmes et vous élève à la hauteur de votre noble vocation d'époux chrétiens. Ne vous faut-il pas en même temps comprendre par là qu'il veut, dès aujourd'hui, prendre possession de votre foyer : qu'il veut en être le MAÎTRE, qu'il veut en être l'AMI ?

Il veut en être le MAÎTRE : n'est-il pas en effet l'auteur de la loi que vous devez observer ? Et n'est-ce pas à la lumière de ses enseignements que vous devez marcher dans la voie où vous entrez aujourd'hui ?

Pendant sa vie, le Sauveur voulut sanctifier par sa présence l'union de deux jeunes époux. Marie, sa très sainte Mère, était présente et leur montrant son divin Fils : « *Quæcumque dixerit vobis facite !* « Faites, leur dit-elle, tout ce qu'il vous dira. » Il me semble qu'aujourd'hui notre Mère du ciel abaisse vers vous son regard maternel et que vous montrant Jésus, elle vous dit à vous aussi : « Faites « tout ce qu'il vous dira ».

Oui, faites tout ce qu'il vous dira : il est le Maître; c'est-à-dire prenez avec amour la loi de Notre-Seigneur.

Cette loi, c'est tout d'abord une loi de prière. Elle vous enseigne à prier aux heures du bonheur comme à celles de la souffrance et de l'épreuve ; elle vous dit que ceux-là seuls qui savent se faire mendiants près de la majesté divine peuvent espérer sur cette terre la joie pure des enfants de **Dieu**. Fidèles à la leçon du Maître vous prierez donc chaque jour, mais vous prierez ensemble. C'est sa volonté lorsqu'il unit deux âmes, de recevoir unies les prières de ces deux âmes. Cette prière commune au foyer de la famille, que dès votre enfance vous avez appris à aimer, Notre-Seigneur la bénit, il lui fait les plus magnifiques promesses, et la récompense par des grâces inouïes.

La loi de Jésus-Christ, c'est aussi une loi d'amour, une loi de dévouement !

Tout à l'heure sur l'autel vous jurerez de vous dévouer pour toujours l'un à l'autre. Ce dévouement, Dieu vous le demande : « *Viri diligite* « *uxores vestras* », nous dit saint Paul exposant la loi du Maître. « Vous, maris, aimez vos épouses. » Et voulez-vous savoir jusqu'où doit aller ce dévouement ? Ecoutez le même apôtre vous montrant dans l'union de Notre-Seigneur avec la sainte Eglise le modèle de l'union qui doit exister entre vous : « Vous, maris, aimez vos épouses, comme « Jésus-Christ a aimé son Eglise », cette Eglise pour laquelle il n'a pas hésité à sacrifier sa propre vie. Et de même que Jésus-Christ est le chef de l'Eglise, de cette Eglise si tendrement aimée, de même le mari est le chef de son épouse : « C'est « pourquoi, nous dit toujours saint Paul, que les « femmes soient particulièrement soumises à leurs « maris, comme au Seigneur qu'ils représentent. »

Puis, si Dieu daigne bénir votre union en vous donnant les joies de la paternité, ce sera pour vous l'heure d'un nouveau dévouement. Pour ces jeunes âmes confiées à votre tendresse, il vous faudra sacrifier votre repos, n'épargner ni vos soins, ni vos peines; car ce sont des chrétiens que vous aurez à former en les initiant de bonne heure à la pratique des vertus et à l'amour du divin Maître.

Mais votre dévouement ne s'arrêtera pas là, il franchira le seuil de votre maison, car Jésus-Christ, le Maître, vous demande plus encore. Vous saurez faire du bien autour de vous, soulager la misère du pauvre, tourner ses regards vers Dieu, ouvrir son âme à l'espérance en le mettant sur le chemin du ciel. Vous saurez en un mot exercer l'apostolat de la charité chrétienne, cette source si abondante des bénédictions du ciel.

Alors Jésus aimera à abaisser ses regards sur ceux qui le reconnaissent pour le maître de leur foyer et savent, au sanctuaire de la famille, lui réserver la place d'honneur. Il viendra l'occuper non pas seulement en maître, mais en ami. Oui, Jésus veut être plus que votre maître : il veut être votre AMI.

Un ami! Mais c'est celui auquel l'on aime à se confier, c'est celui qui conseille, c'est celui qui partage les souffrances comme les joies. Eh bien! Jésus veut être votre ami. Vous aurez donc pour lui toutes les délicatesses de l'amitié; il sera le confident de votre bonheur comme de vos peines. Près de lui dans toutes vos difficultés vous chercherez un conseil : en un mot il sera de moitié dans toutes vos joies et dans toutes vos épreuves : vous ne compterez pas avec lui comme on compte avec un maître, mais vous serez généreux comme on l'est avec un ami.

Puis quand la Providence vous confiera des cœurs à former, vous leur apprendrez à aimer Jésus, l'ami de la famille, comme on vous l'a appris dans votre enfance.

Ceux qui vous ont initiés à la vie chrétienne vous ont montré ce Dieu Sauveur révélant aux hommes la tendresse infinie de son cœur, se plaignant d'être si peu payé de retour de la part même de ceux qui se disent chrétiens, et on vous a dit : voilà le véritable ami, voilà celui qui dans vos cœurs doit occuper la première place.

Oui, l'amour du cœur de Jésus, voilà le plus grand trésor que je puisse désirer pour vous sur cette terre, car par lui vous viendront tous les autres biens. Ce divin Maître n'en a-t-il pas fait lui-même la promesse formelle? « Les familles « dévouées à mon cœur, consacrées à mon cœur, « a-t-il dit, jouiront d'une grande paix, elles seront « consolées dans leurs peines, et recevront toutes « les grâces dont elles ont besoin ». Et encore : « Je bénirai les maisons où l'image de mon cœur « sera exposée et honorée ».

Mais il est temps de finir; je m'arrête en vous souhaitant cette bénédiction toute spéciale du cœur de Jésus.

J'en ai la douce confiance, elle se répandra abondante sur vos âmes, puisque vous n'avez d'autre désir que de marcher sur les traces de ceux qui vous ont précédés dans cette voie. Il vous suffit du reste de jeter les yeux autour de vous.

Elles sont là, près de vous, ces deux mères si chrétiennes, qui n'ont jamais eu d'autre ambition que de faire de leurs enfants de vrais enfants de Dieu. Des places sont vides à vos côtés; mais, n'est-il pas vrai, les souvenirs sont vivants dans vos cœurs. A leur défaut les murs eux-mêmes de ce sanctuaire pourraient, ma bien chère sœur, vous dire combien de fois celui qui nous a quittés est venu s'agenouiller devant cet autel, apprendre à ses enfants à prier et à aimer Jésus.

Et aujourd'hui du haut du ciel, tous les deux, ils vous voient, vous protègent par leurs prières, et bénissent votre union.

Fidèles à ces exemples et à ces leçons, vous saurez garder intactes les traditions chrétiennes de ces deux familles, dont la foi sincère et pratiquante est le plus précieux héritage. J'en ai pour garant les prières émues de tous ceux qui vous entourent, les prières et les larmes de vos mères, celles de vos frères et de vos sœurs. Elles vous obtiendront force, lumière et courage !

La force et le courage ! accordez-les, mon Dieu, à ceux qui connaîtront demain le sacrifice d'une séparation; consolez le cœur d'une mère, dites-lui que vous bénissez cette jeune famille; dites-lui que les séparations les plus douloureuses n'ont qu'un jour et que le lendemain d'une vie chrétienne, c'est le bonheur de l'éternité.

C'est ce suprême bonheur que je vous souhaite par les paroles même que l'Eglise mettra tout à l'heure sur mes lèvres : « Que le Seigneur répande « sur vous ses bénédictions, afin qu'après avoir vu

« vos enfants, et les enfants de vos enfants jusqu'à
« la troisième et la quatrième génération, **vous**
« arriviez enfin à la vie éternelle avec l'aide et la
« grâce de Notre-Seigneur Jésus-Christ. »

Ainsi soit-il

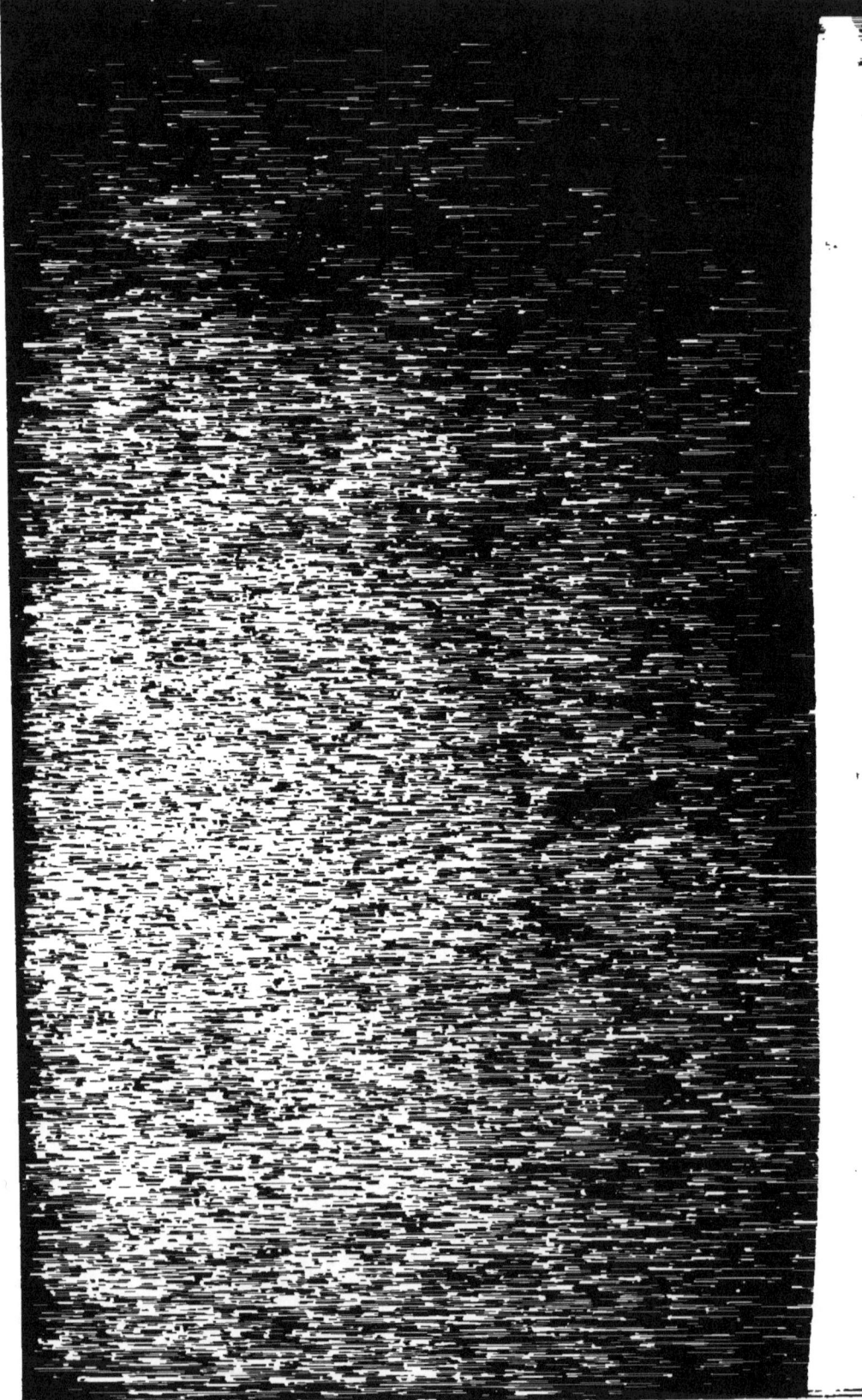

www.ingramcontent.com/pod-product-compliance
Lightning Source LLC
Chambersburg PA
CBHW070534050426
42451CB00013B/3010